BEI GRIN MACHT SICH IHR
WISSEN BEZAHLT

- Wir veröffentlichen Ihre Hausarbeit,
  Bachelor- und Masterarbeit

- Ihr eigenes eBook und Buch -
  weltweit in allen wichtigen Shops

- Verdienen Sie an jedem Verkauf

Jetzt bei www.GRIN.com hochladen
und kostenlos publizieren

Medizinische Geräte. Strategiewandel bei der Gesundheits- und Medizintechnik AG

Maria Stahl

Bibliografische Information der Deutschen Nationalbibliothek:

Die Deutsche Nationalbibliothek verzeichnet diese Publikation in der Deutschen Nationalbibliografie; detaillierte bibliografische Daten sind im Internet über http://dnb.d-nb.de abrufbar.

ISBN: 9783346238948
Dieses Buch ist auch als E-Book erhältlich.

Deutsche Hochschule für

Prävention und Gesundheitsmanagement

Hermann Neuberger Sportschule 3

66123 Saarbrücken

Einsendeaufgabe

Fachmodul:	Strategische Unternehmensführung II
Studiengang:	Master of Arts Prävention und Gesundheitsmanagement
Datum Präsenzphase:	06.05 – 09.05.2019
Name, Vorname:	Stahl, Maria
Studienort:	**Saarbrücken**
Semester:	**WS18**

Inhaltsverzeichnis

1   BODO MÜLLERS PLAN 3

1.1   Gründe für den Wandel 3

1.2   Aspekte des Strategiewandels 3

1.3   Barrieren und Widerstände 4

2   CHANGE MANAGEMENT 5

2.1   Gründe für Scheitern 5

2.2   Veränderungen meistern 6

3   STRATEGIEIMPLEMENTIERUNG 9

3.1   Durchsetzung 9

3.2   Umsetzung 10

4   BALANCED SCORECARD 12

4.1   Ursache-Wirkungskette 12

4.2   Festlegung Ziele, Kennzahlen, Vorgaben, Maßnahmen 13

5   UNTERNEHMENSETHIK 15

5.1   Praxisbeispiel 15

5.2   Unternehmenswerte 15

5.3   Wertebruch 17

5.4   Konsequenzen 17
      5.4.1   Interne Stakeholder 17
      5.4.2   Externe Stakeholder 18

6   LITERATURVERZEICHNIS 19

7   ABBILDUNGS- UND TABELLENVERZEICHNIS 20

7.1   Abbildungsverzeichnis 20

7.2   Tabellenverzeichnis 20

1 Bodo Müllers Plan

1.1 Gründe für den Wandel

Bodo Müller strebt einen Wandel innerhalb des Vertriebs an. Die Gründe dafür könnten folgende sein:

Die Einkaufentscheidungen werden heutzutage nicht mehr den Ärzten überlassen, sondern werden von der Krankenhausadministration sowie der Einkaufsabteilung übernommen.

Ebenso bewegen sich die Gesamtausgaben an medizinischen Geräten in Deutschland eher auf einem gleichbleibenden Niveau. Jedoch ist Deutschland weltweit der dritt größte Markt für medizinische Geräte, wodurch ein hoher Wettbewerb entsteht.

Als dritten Grund für einen Wandel, könnte Bodo Müller die niedrige staatliche Finanzierung der Krankenhäuer sehen, denn in den vergangenen Jahren wurden die vorhandenen Geräte eher instand gehalten, als neue Geräte angeschafft.

1.2 Aspekte des Strategiewandels

Bodo Müller arbeitete, aufgrund seiner wahrgenommenen Veränderung innerhalb des Marktes und der Kunden, einen Plan zur Strategiewandel aus.

Zum einem soll das Marketing zukünftig nicht mehr an die Krankenhausärzte ausgereichtet und adressiert werden, sondern an das sogenannten „C-Level". Dabei ist zu beachten, dass das C-Level-Marketing alle sieben Produktlinien umfassen muss, da eine Aufteilung in die sieben Unternehmenseinheiten nicht möglich ist.

Zum anderen muss, laut Bodo Müller, die Gesundheits- und Medizintechnik AG ganzheitliche Lösungen anbieten, welche die allgemeine Effizienz in Krankenhäuser verbessern. Hierzu ist also nicht mehr nur die Technologie der Geräte von Bedeutung, sondern auch die Kosten für diese. Dies liegt daran, dass die Kaufentscheidungen nicht mehr von den Krankenhausärzten getroffen werden, sondern die Krankenhausadministration sowie der Einkaufsabteilung dafür zuständig sind und diese handeln aus ökonomischer Sicht.

Der dritte Aspekt des Strategiewandels ist, ein Budget für das C-Level-Marketing, aus dem Marketing der sieben Produktlinien zu gewinnen

1.3 Barrieren und Widerstände

Bodo Müllers Wandel stehen einige Barrieren und Widerstände im Weg. Eines der Barrieren stellt das Budget für das C-Level-Marketing dar, denn hier plant Bodo Müller mit einem kleinen Anteil aus den sieben Marketingabteilungen der Produktlinien. Jedoch wird dies durch die Marketing Vizepräsidenten (VPs) abgelehnt. Der Grund für die Ablehnung könnte die Angst vor einer Fehlinvestition sein.

Des Weiteren gründet Bodo Müller eine Arbeitsgruppe, mit den Vertretern aus allen Unternehmenseinheiten und lädt diese zu einem Kick-off-meeting ein. Jedoch erschien nur etwa die Hälfte der eingeladenen und bestätigten Mitarbeiter zu dem Kick-off-meeting. Ebenso erweckten die anwesenden Mitarbeiter den Eindruck, nicht gerne bei dem Treffen zu sein. Dies deutet auf eine fehlende Motivation seitens der eingeladenen Mitarbeiter hin, was daran liegen könnte, dass die Arbeitsgruppe keine Pflichtveranstaltung ist und die eingeladenen Mitarbeiter keine Vorteile und Nutzen für sich erkennen können.

Ebenso sind die VPs der Meinung, dass andere Themen derzeit Vorrang haben, wodurch Bodo Müllers Wandel eine weitern Widerstand erfährt. Denn statt eine erhoffte Änderung der Marketingstrategie (C-Level-Marketing), wird eine Kostensenkungsinitiative, sowie eine Kürzung des Marketingbudgets etabliert. Dieser Widerstand könnte aufgrund von unterschiedlichen Zielen und/oder Unsicherheit entstanden sein.

Eine weitere Barriere stellt die Kommunikation und Organisation von Bodo Müller dar, denn er präsentiert seine Argumente mehrmals und die Treffen finden nur in sehr großen Abständen statt. Durch das mehrfache aufzählen der Argumente und den Widerstand, den Bodo Müller damit erfährt, bestätigt das Zitat von David Jakes (2015), welches besagt, „endlose Gespräche über den Wandel ist die Barriere".

Betrachtet man die unten dargestellte Tabelle eins, mit den allgemeinen Symptomen für Widerstände, erkennt man, dass Bodo Müller zunächst den Widerspruch durch ein aktiv-verbales Verhalten (Widerspruch/Ablehnung des C-Level-Marketingbudgets) erhält. Im Laufe der Zeit findet der Widerstand jedoch eher passiv-non-verbal statt (Fernbleiben bei dem Kick-off-meeting sowie unmotiviertes Verhalten der anwesenden Mitarbeiter).

Tab. 1: Allgemeine Symptome für Widerstand (modifiziert nach Doppler & Lauterburg, 2014, S. 357).

	verbal	non-verbal
aktiv	• Widerspruch • Gegenargumentation • Vorwürfe • Drohungen • Polemik • Sturer Formalismus	• Aufregung • Unruhe • Streit • Integrität • Gerüchte • Cliquenbildung
passiv	• Ausweichen • Schweigen • Bagatellisieren • Blödeln • Ins Lächerliche ziehen • Unwichtiges debattieren	• Lustlosigkeit • Unaufmerksamkeit • Müdigkeit • Fernbleiben • Innere Emigration • Krankheit

2 Change Management

2.1 Gründe für Scheitern

Im Folgenden werden die vier Gründe, die zum Scheitern des Wandels geführt haben, anhand des 8-Stufen-Modells nach Kotter dargestellt.

Stufe 1: Gefühl der Dringlichkeit wecken

Bodo Müller gelingt es nicht, eine Dringlichkeit des Strategiewandels, bei den VPs und Mitarbeitern zu wecken. Zunächst hat es den Anschein, als wäre die Dringlichkeit anerkannt worden, jedoch erkennt man schnell, dass dies nicht so ist. Die VPs stimmen keinem Budgetzuschuss zur Entwicklung eines neuen „C-Level-Marketing" zu. Dies liegt daran, dass die wirtschaftliche Lage des Unternehmens derzeit noch gut ist und somit kein direkter Grund eines Strategiewandels besteht. Bodo Müller erfährt hier also einen Widerstand durch die Beschönigung der Situation durch die VPs.

Stufe 2: Zusammenstellen eines starken Leistungsteams

Bodo Müller bildet eine Arbeitsgruppe mit den Vertretern aller Unternehmenseinheiten auf Arbeitsebene. Jedoch erschienen zu dem ersten Kick-off-Meeting nur ein Bruchteil der Eingeladenen und die Anwesenden zeigten kein großes Interesse. Somit scheitert Bodo Müllers Zusammenstellung eines starken Leistungsteams. Ein Grund dafür ist, dass die Mitarbeiter und

VPs durch das fehlende Verständnis der Dringlichkeit, keine Vorteile und Nutzen für sich erkennen können und somit keine Motivation vorhanden ist.

Stufe 3: Entwicklung von klaren Zielvorstellungen (Vision) und konkreter Veränderungsstrategien

Bodo Müller präsentiert den VPs seine Überlegungen zu dem Strategiewandel auf sachlicher Ebene. Jedoch arbeitet er keine klare Zielvorstellung sowie detaillierte Strategie zur Veränderung aus. Den VPs fehlt somit also eine klare Anweisung beim Vorgehen und die Verantwortlichkeiten bleiben unklar.

Stufe 6: Erreichen und zelebrieren von kurzfristigen Erfolgen

Die zusammengestellte Arbeitsgruppe von Bodo Müller trifft sich alle drei Monate. Innerhalb der drei Monate konnten jedoch keine gravierenden Veränderungen erreicht werden. Somit ist zu erkennen, dass der Zeitraum von drei Monaten ohne Teilziele zu lang ist und dadurch die Motivation der Mitarbeiter und VPs eher ausgebremst, statt vorangetrieben wird.

2.2 Veränderungen meistern

Um einen Wandel erfolgreich in einem Unternehmen zu integrieren, können die acht Phasen nach Kotter dabei helfen, Fehler innerhalb des Change Managements zu verhindern.

Abb. 1: Die acht „Beschleuniger" nach Kotter (Kotter, 2015, S. 88).

Stufe1: Ein Gefühl der Dringlichkeit wecken

Zunächst muss jedem Mitarbeiter die Dringlichkeit des Wandels deutlich gemacht werden. Hier muss es Bodo Müller gelingen, die Mitarbeiter aus ihrer Komfortzone zu holen. Dies gelingt Ihm am besten, indem er die Mitarbeiter und VPs nicht nur auf sachlicher Ebene zu dem Thema aufklärt, sondern auch auf emotionaler Ebene erreicht. Bodo Müllers Aufgabe in der ersten Stufe liegt ebenfalls in der Erfassung und Unterbindung von potenziellen Bagatellisierungen (Kotter, 2012, S. 4-5).

Stufe 2: Zusammenstellen eines starken Leistungsteams

Zur Umsetzung des Wandels ist die Gründung eines leistungsstarken Teams notwendig. Das Team sollte aus Mitarbeitern und Führungskräften jeder Abteilung und Hierarchiestufe zusammengestellt werden. Dies ist notwendig, um die Glaubwürdigkeit der Dringlichkeit des Wandels zu bestätigen. Denn fehlt ein einflussreicher Teil der Führungsetage innerhalb des Teams, so erweckt es den Anschein von Unwichtigkeit. Bodo Müllers Aufgabe liegt hier vor allem in der gewissenhaften Auswahl der Team Mitglieder. Es muss insbesondere darauf geachtet werden, dass kein einflussreichreichen Mitarbeiter aus der Geschäftsetage ausgeschlossen werden. Ebenso muss darauf geachtet werden, dass Teamplayer mit in das Team aufgenommen werden und keine Mitarbeiter, die das Team ausbremsen (Kotter, 2012, S. 6-7).

Stufe 3: Entwicklung von klaren Zielvorstellungen (Vision) und konkreter Veränderungsstrategien

Um ein einheitliches Verständnis zu entwickeln, ist es notwendig, die Zielvorstellungen und Veränderungsstrategien gemeinsam im Team auszuarbeiten. Denn nur so kann jeder Mitarbeiter einen Bezug zu dem bevorstehenden Wandel aufbauen. Zunächst ist es Bodo Müllers Aufgabe, die Zielvorstellungen der Mitarbeiter zu dem Thema herauszuarbeiten und eine Vision daraus abzuleiten, beziehungsweise die bestehende Vision des Unternehmens („In jedem Krankenhaus und in jeder Praxis steht ein Gerät von uns. Wir werden Marktführer in unserer Branche sein") anzupassen. Anschließend soll gemeinsam eine Strategie, welche die Wegbeschreibung zum Ziel ist, entwickelt werden. Durch das gemeinsame ausarbeiten soll jedem Mitarbeiter die Richtung, in die der Wandel sich bewegt soll, deutlich werden (Kotter, 2012, S. 8-9).

Stufe 4: Kommunikation der Vision für mehr Verständnis und Akzeptanz

Die Kommunikation der Vision sollte nicht nur verbal, sondern viel mehr non-verbal stattfinden, um die Glaubwürdigkeit zu wecken. Jeder Mitarbeiter soll in einem Kick-off-Meeting durch eine Motivationsrede von der Vision erfahren sowie ein Verständnis aufbauen und verinnerlichen. Um jeden Mitarbeiter zu erreichen, ist es sinnvoll verschiedene Medien einzusetzen. So werden die verschiedenen Lerntypen angesprochen. Die Vision soll im Laufe der Zeit immer wieder in Meetings, Präsentationen und Einzelgesprächen eingebaut werden. Ebenso muss sich das Verhalten der Führungsetage an die Vision anpassen (Kotter, 2012, S. 9-10).

Stufe 5: Sichern von Handlungsfreiräumen und Befähigung von Mitarbeitern

Jedem Mitarbeiter soll die Vision des Unternehmens und die Strategie des Wandels deutlich sein. Damit die Strategie erfolgreich umgesetzt werden kann, ist es wichtig, jedem Mitarbeiter eine klare Aufgabe zu überlassen. Hierbei sollte Bodo Müller darauf achten, dass jeder Mitarbeiter genügend Handlungsfreiräume hat, um sich kreativ und eigenständig entfalten zu können. Dennoch sollte jeder Mitarbeiter nicht nur über seine Aufgabe informiert und auf dem Laufenden sein, sondern auch über den Gesamtprozess. Dies ist besonders wichtig, denn nur so können möglichst schnell potenzielle Fehlerquellen erkannt und beseitigt werden. Werden diese Fehlerquellen nicht beseitigt, führt es dazu, dass die Mitarbeiter in Ihren Handlungen ausgebremst werden und somit eine Demotivation entsteht, dies führt wiederum dazu, dass der Wandel verhindert wird (Kotter, 2012, S. 10-11).

Stufe 6: Erreichen und zelebrieren von kurzfristigen Erfolgen

Zur langfristigen Implementierung des Wandels, ist es besonders wichtig, Teilziele zu setzen, um Resultate besser messen zu können und die Mitarbeiter weiterhin zu motivieren. Bodo Müller setzte zwar auch Teilziele, jedoch in zu großen Abständen. Nach drei Monaten konnte keine gravierende Veränderung wahrgenommen werden, was dazu führte, dass Bodo Müllers Arbeitsgruppe das Interesse und die Motivation verloren hat. Hilfreich wäre hier der Einsatz von Wochenzielen sowie ein Belohnungssystem bei Zielerreichung. Die Art der Belohnung soll abhängig von der Größe beziehungsweise Wichtigkeit des jeweiligen Ziels sein. So können die Mitarbeiter durch Teamaktivitäten wie zum Beispiel gemeinsames Essen oder Gutscheine, aber auch in Form von Kommunikation wie Lob und Anerkennung, motiviert werden (Kotter, 2012, S. 12-13).

Stufe 7: Nicht nachlassen und weitere Veränderungen einleiten

Um langfristig erfolgreich einen Wandel zu initiieren, muss von Beginn an das Gefühl der Dringlichkeit bei allen Mitarbeitern geweckt werden, die Führungskoalition muss stark und präsent sein und die Strategie und Vision muss für jeden Beteiligten transparent sein. Daher muss Bodo Müller dafür sorgen, dass die Mitarbeiter stetig motiviert bleiben und darf bei Teilzielen nicht zu früh den Sieg erklären, sondern die positive Kraft des erreichten Teilziels dafür nutzen, das langfristige Ziel zu erreichen. Hier ist es sinnvoll, wenn Bodo Müller alle Beteiligten mit einbezieht und sich ein Feedback, in einem wöchentlichen Meeting, einholt, um die bisherige Vorgehensweise gemeinsam zu analysieren und Verbesserungen abzuleiten (Kotter, 2012, S. 13-14).

Stufe 8: Entwickeln und verankern der neuen Kultur (Verhaltensweisen)

Damit der erfolgreich etablierte Wandel langfristig im Unternehmen bestehen bleibt, ist es um so wichtiger, die Unternehmenskultur dementsprechend anzupassen und nachfolgende Mitarbeiter dementsprechend zu rekrutieren. Bodo Müllers Aufgabe liegt hier in der Anpassung der Unternehmenskultur. Ebenso ist es notwendig Mitarbeitergespräche zu führe, in denen in einem Soll-Ist-Vergleich die Werte der Mitarbeiter herausgearbeitet werden, um anschießend Handlungsmöglichkeiten ableiten zu können. Bei nachfolgenden Mitarbeitern ist zunächst eine genaue Stellenbeschreibung zur Rekrutierung notwendig, um so den geeigneten Mitarbeiter herauszufiltern. Denn nur wenn der nachfolgende Mitarbeiter, vor allem wenn dieser im Top-Management eingesetzt werden soll, die geforderte Unternehmenskultur lebt, ist es möglich den Wandel aufrecht zu erhalten (Kotter, 2012, S. 14-15).

3 Strategieimplementierung

3.1 Durchsetzung

Die Dursetzungsphase hat das Ziel eine Einstellungsakzeptanz gegenüber der Strategie zu erreichen. Hier steht die Vermittlung des „Kennen, Verstehen, Können und Wollen der Strategie im Vordergrund. Denn nur wenn die Phase der Durchsetzung erfolgreich abgeschlossen wird, kann die Strategie umgesetzt werden (Raps, 2017, S. 59).

Vermittlung der Strategie:

Zur Vermittlung der Strategie, muss Bodo Müller beziehungsweise die Gesundheits- und Medizintechnik AG, ein persönliches Meeting mit allen betroffenen Mitarbeitern organisieren. In diesem Meeting muss den Mitarbeitern der Mehrwert und Nutzen der Strategie deutlich gemacht werden. Die notwendigen Infos können hier, für ein besseres Verständnis, durch eine interaktive Kommunikation der Mitarbeiter herausgearbeitet und durch Visualisierungen verdeutlicht werden. Erst wenn jeder Mitarbeiter jeden Punkt der Strategie verstanden hat, kann diese auch umgesetzt werden. (Welge, Al-Laham & Eulerich, 2017, S. 827).

Einweisung und Schulung:

Die Mitarbeiter müssen zum einem in der Prozessoptimierung und zum anderen in den Bereichen der Krankenhausadministration geschult werden. Ebenso müssen Einweisungen der Mitarbeiter in alle sieben Produktlinien stattfinden, um ein ganzheitliches Verständnis zu entwickeln. Jeder Mitarbeiter soll durch die Einweisungen und Schulungen das notwendige Wissen und Qualifikation erlangen, um die Strategie erfolgreich umsetzten zu können. (Welge, Al-Laham & Eulerich, 2017, S. 828-829).

Schaffung eines strategiebezogenen Konsenses:

Durch Konflikte unter den Mitarbeitern, egal ob diese sich auf der gleichen Hierarchieebene befinden, oder nicht sowie fehlende Motivation, kann es während einer Strategieimplementierung zu Verzögerungen kommen oder dafür sogar, dass diese ganz scheitert. Damit dies nicht der Fall ist, ist das Etablieren eines Konfliktmanagements, welches sich mit den Konflikten und Bedürfnissen der Mitarbeiter befasst und diese löst, notwendig (Hagenloch & Söhnchen, 2017, S. 110-111).

3.2 Umsetzung

Innerhalb der Umsetzungsphase muss die Strategie konkretisiert werden, die Unternehmenspotenziale müssen an die neue Strategie angepasst werden und die Mitarbeiter müssen motiviert werden (Welge, Al-Laham & Eulerich, 2017, S. 814).

Transformation:

Klar definierte Einzelmaßnahmen mit Inhalt, Ausmaß und Zeit dienen der erfolgreichen Umsetzung der Strategie. Ebenso muss eine Einschätzung der Kosten und Ressourcen sowie eine Festlegung der Verantwortlichen und Anfangs- und Endzeitpunkt stattfinden.

Bodo Müllers Aufgabe liegt hier also in der Planung der Zuständigkeiten der Mitarbeiter und deren Aufgabenbereiche sowie der Berechnung der zukünftigen Ausgaben, Einnahmen und Ziele. Dabei muss er darauf achten, die Ziele zu priorisieren und so abzuarbeiten (Welge, Al-Laham & Eulerich, 2017, S. 816).

Anpassung:

Bodo Müllers Aufgabe, beziehungsweise die, der Gesundheits- und Medizintechnik AG, ist hier eine Anpassung der Unternehmenspotenziale, zur erfolgreichen Implementierung der Marketingstrategie. Die Anpassung der Unternehmenspotenziale bedarf eine Entfaltung der Organisationsstruktur, Unternehmenskultur, Managementsysteme sowie Mitarbeiter und Führungskräfte (Welge, Al-Laham & Eulerich, 2017, S. 817).:

Organisationsstruktur:

Hier ist darauf zu achten, nicht nur die Strukturen, sondern auch die Prozesse innerhalb des Unternehmens an die Strategie anzupassen. Durch die neue Strategie können zum einen Aufgaben und Bereiche dazu kommen und zum anderen wegfallen. Mithilfe einer Kompatibilitätsmatrix kann der Bedarf der Anpassungen ermittelt werden (Welge, Al-Laham & Eulerich, 2017, S. 819).

Unternehmenskultur:

Innerhalb der Strategieimplementierung soll die Unternehmenskultur an die Strategie angepasst werden. Dazu wird zunächst die bestehende Unternehmenskultur anhand verschiedener Merkmale analysiert, um anschließend ein Ist-Soll-Vergleich durchführen zu können und Handlungsmaßnahmen abzuleiten (Welge, Al-Laham & Eulerich, 2017, S. 820).

Managementsysteme:

Innerhalb des Managementsystems soll darauf geachtet werden, die Anreizsysteme anzupassen und die Mitarbeiter durch geeignete Anreize zu motivieren (Welge, Al-Laham & Eulerich, 2017, S. 823).

Hier ist es notwendig, einen Ist-Bestand der Mitarbeiter durchzuführen und mit dem Personal-bedarf (Soll) zu vergleichen, um zum einen passende Führungskräfte für die Umsetzung der Strategie zu finden und zum anderen geeignete Weiterbildungsprogramme zu organisieren oder auch neue Mitarbeiter einzustellen (Welge, Al-Laham & Eulerich, 2017, S. 825).

Motivierung und Mobilisierung:

Der Prozess der Motivierung und Mobilisierung stellt einen wichtigen Bestandteil während der Strategieimplementierung dar. Denn ohne die Akzeptanz und Motivation der Mitarbeiter, ist eine Strategieimplementierung zum Scheitern verurteilt. Daher besteht hier für Bodo Müller die Aufgabe, bei jedem Mitarbeiter eine Akzeptanz für die Marketingstrategie zu erreichen. Dies kann durch den Einsatz von verschiedenen Taktiken geschehen, wie zum Beispiel der Interven-tionstaktik, Partizipationstaktik, Überzeugungstaktik oder auch der Erlasstaktik. Welche Taktik angewendet wird, entscheidet sich durch ein persönliches Einzelgespräch mit den Mitarbeitern. Ebenfalls ist der Einsatz eines Belohnungssystems, in Form von Lob und Anerkennung, aber auch Prämien bei der Erreichung eines Zieles, empfehlenswert, um die Mitarbeiter stetig zu motivieren (Raps, 2017, S. 35).

4 Balanced Scorecard

„Balanced Scorecard" ist ein Controlling System, welches an der Kritik, der klassischen Con-trolling-Systeme anknüpft. Diese Kritikpunkte sind: Vergangenheitsorientiert, rein monetäre Kennzahlen, geringe Vernetzung mit strategischen Zielen" (Prof. Dr. O. Schumann, persönl. Mitteilung 09.05.2019).

4.1 Ursache-Wirkungskette

Die nachfolgende Abbildung veranschaulicht die Ursache-Wirkungskette für die Gesundheits- und Medizintechnik AG.

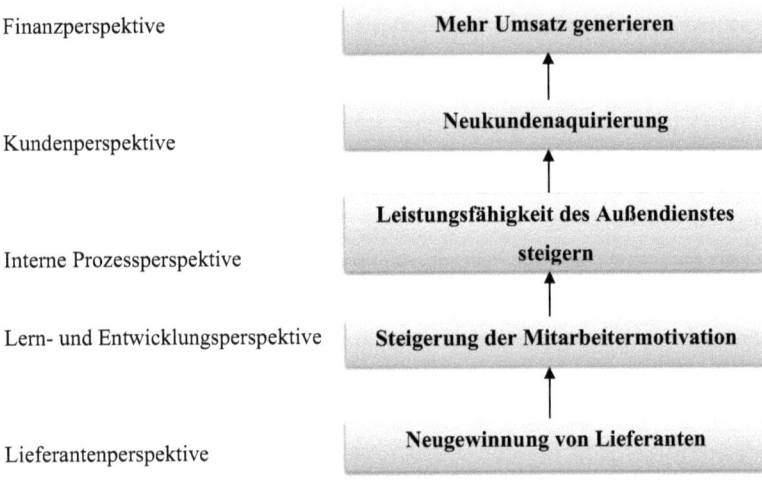

Finanzperspektive — Mehr Umsatz generieren

Kundenperspektive — Neukundenaquirierung

Interne Prozessperspektive — Leistungsfähigkeit des Außendienstes steigern

Lern- und Entwicklungsperspektive — Steigerung der Mitarbeitermotivation

Lieferantenperspektive — Neugewinnung von Lieferanten

Abb. 2: Ursache-Wirkungskette für die Gesundheits- und Medizintechnik AG (eigene Darstellung).

4.2 Festlegung Ziele, Kennzahlen, Vorgaben, Maßnahmen

Zur Kontrolle einer Strategieimplementierung, kann ein Balanced-Scorecard eingesetzt werden. Die nachfolgenden Tabellen zwei und drei visualisieren die festgelegten Ziele, Kennzahlen, Vorgaben und Maßnahmen, der einzelnen Perspektiven des Unternehmens. Alle Ziele orientieren sich hierbei an einem Zeitmanagement von drei bis fünf Geschäftsjahren.

Tab. 2: Balanced Scorecard: Ziele, Kennzahlen, Vorgaben, Maßnahmen (eigene Darstellung).

	Ziel	Kennzahl	Vorgabe	Maßnahme
Finanzperspektive	Umsatzsteigerung, um 30% in den nächsten fünf Jahren	Umsatz	In den nächsten fünf Geschäftsjahren, soll der Umsatz um insgesamt mindestens 30% steigen.	Kauf von Lizenzen, um jedes Produkt international anbieten zu können.

Tab. 3: Fortsetzung: Balanced Scorecard: Ziele, Kennzahlen, Vorgaben, Maßnahmen (eigene Darstellung).

	Ziel	Kennzahl	Vorgabe	Maßnahme
Kundenperspektive	Steigerung der Neukunden, um 20% in den nächsten drei Jahren	Neukundenquote	In den nächsten drei Jahren, soll die Neukundenquote, um mindestens 20% ansteigen.	Ausarbeitung des Marketing, um neue Kunden und auch neue Zielgruppen anzusprechen.
Interne Prozessperspektive	Leistungsfähigkeit des Außendienstes innerhalb der nächsten drei Geschäftsjahre steigern	Beschwerde und Rücklaufquote	Eine Reduktion der Beschwerde und Rücklaufquote, um mindestens 15% in den nächsten drei Jahren.	Controlling des Beschwerdemanagements und Schulungen für die Außendienstmitarbeiter
Lern- und Entwicklungsperspektive	Steigerung der Mitarbeitermotivation innerhalb der nächsten drei Jahren.	Mitarbeiterzufriedenheit – subjektives Empfinden	Auf der Skala von eins (gar nicht zufrieden) bis sieben (voll und ganz zufrieden), soll mindestens der Wert fünf erreicht werden.	Mitarbeiterbefragung und einführen eines Belohnungssystems
Lieferantenperspektive	Neugewinnung von Lieferanten innerhalb der nächsten fünf Geschäftsjahren.	Ist-soll-Vergleich des Lieferantenbestands	Die Anzahl der Lieferanten soll in den nächsten fünf Jahren, um vier steigern, um auch international beliefern zu können.	Lieferantenanalyse (Preis-Leistungsverhältnis, Pünktlichkeit, Bekanntheit)

5 Unternehmensethik

5.1 Praxisbeispiel

Das deutsche Versicherungsunternehmen „*ERGO*" (zuvor: „*Hamburg-Mannheimer*") sorgte im Jahr 2011 für negative Schlagzeilen. Im Mai 2011 wurde bekannt gegeben, dass „*ERGO*" im Juni 2007 die 100 besten Vertriebsmitarbeiter, sowie Top Manager zu einer Sex-Party nach Budapest eingeladen hat. Eine Vielzahl an Prosituierten und Hostessen engagierte „*ERGO*" für diese Veranstaltung. Hierbei sind Kosten in Höhe von 333.039,90 Euro entstanden, wovon 83.000 Euro steuerlich abgesetzt wurden. 2008 wurde den besten Vertriebsmitarbeitern eine Reise oder ein Laptop angeboten. 15 von 17 lehnten die Reise ab und entschieden sich für den Laptop. (Ternès & Runge, 2015, S. 27-30).

5.2 Unternehmenswerte

„*ERGO*" unterzeichnet sowohl „Principles for Sustainable Insurance", als auch die „Principles for Responsible Investment" und verpflichtet sich somit zur Einhaltung der Werte des UN Global Compact (ERGO Group AG, 2019a). Des Weiteren bestehen weitere Regelwerke, welche in dem Verhaltenskodex sowie Umweltrichtlinien der „*ERGO*" hervorgehen.

Jedoch orientiert sich die „*ERGO*" Versicherung nicht nur an den zehn Prinzipien des UN Global Compact, sondern ebenfalls an den eigenen Werten. Denn eine Verantwortungsvolle Führung hat höchste Priorität für „*ERGO*" (ERGO Group AG, 2019b). Ebenso wollen sie das Wohl der Mitarbeiter schützen und ihre unterschiedlichen gesundheitlichen Bedürfnisse in allen Lebens- und Berufsphasen berücksichtigen und für gerechte und transparente Gehaltsstrukturen sorgen (ERGO Group AG, 2019c). Des Weiteren bezeichnet sich „*ERGO*" als ein Unternehmen, dass hält was es verspricht sowie „fair, vertrauensvoll und wertschätzend" ist (ERGO Group AG, 2019d). „*ERGO*" legt einen großen Wert auf die Einhaltung der Verhaltensgrundsätze und geht allen Anzeichen eines Fehlverhaltens nach (ERGO Group AG, 2019a).

Die nachfolgende Tabelle vier veranschaulicht die Werte des UN Global Compact und somit die der „*ERGO*"- Versicherung.

Tab. 4: Unternehmenswerte „*ERGO*" (in Anlehnung an Schlüter, 2019).

Unternehmenswerte	Prinzipien
Menschenrechte	1. Unternehmen sollen den Schutz der internationalen Menschenrechte unterstützen und achten.
	2. Unternehmen sollen sicherstellen, dass sie sich nicht an Menschenrechtsverletzungen mitschuldig machen.
Arbeitsnormen	3. Unternehmen sollen die Vereinigungsfreiheit und die wirksame Anerkennung des Rechts auf Kollektivverhandlungen wahren.
	4. Unternehmen sollen für die Beseitigung aller Formen von Zwangsarbeit eintreten.
	5. Unternehmen sollen für die Abschaffung von Kinderarbeit eintreten.
	6. Unternehmen sollen für die Beseitigung von Diskriminierung bei Anstellung und Erwerbstätigkeit eintreten.
Umwelt	7. Unternehmen sollen im Umgang mit Umweltproblemen dem Vorsorgeprinzip folgen.
	8. Unternehmen sollen Initiativen ergreifen, um größeres Umweltbewusstsein zu fördern.
	9. Unternehmen sollen die Entwicklung und Verbreitung umweltfreundlicher Technologien beschleunigen.
Korruptionsprävention	10. Unternehmen sollen gegen alle Arten der Korruption eintreten, einschließlich Erpressung und Bestechung.

5.3 Wertebruch

Der Skandal der „*ERGO*"- Versicherung führte dazu, dass mehrere Unternehmenswerte nicht eingehalten wurden. Es fanden mehrere Sex-Partys, als Belohnungssystem für die Vertriebsmitarbeiter und somit auf den Kosten des Unternehmens, statt. Dies führte dazu, dass Steuergelder veruntreut wurden, was wiederrum zu einem Verlust der Seriosität führte. Somit wurde der Ruf des Unternehmens geschädigt.

Durch den Skandal wurde vor allem der Wert der verantwortungsvollen Führung gebrochen, denn so eine Maßnahme als Belohnungssystem stellt kein verantwortungsvolles Handeln dar (ERGO Group AG, 2019b).
Ebenso bestätigt sich durch den Skandal, dass „*ERGO*" nicht immer fair und vertrauensvoll handelt. Dies führt ebenfalls zu einem Wertebruch, denn das Unternehmen beschreibt sich als ein Unternehmen, dass hält was es verspricht sowie „fair, vertrauensvoll und wertschätzend" ist (ERGO Group AG, 2019d).
Diese beiden Werte, die nicht eingehalten wurden, lassen sich ebenfalls dadurch bestätigten, da das Unternehmen ein Jahr später seinen Mitarbeitern erneut eine Reise als Belohnung angeboten hat. Hier wird deutlich, dass ebenfalls der Wert, der Einhaltung der Verhaltensgrundsätze, gebrochen wurde, denn die „*ERGO*"-Versicherung ging hier dem Fehlverhalten nicht nach, sondern wiederholte dieses (ERGO Group AG, 2019a).

5.4 Konsequenzen

Die einbezogenen Stakeholdergruppen der „*ERGO*"-Versicherung sind die Kunden, Vertriebspartner, Mitarbeiter, Kapitalgeber und die Gesellschaft als Ganzes (ERGO Group AG, 2019e).

5.4.1 Interne Stakeholder

Allgemein zu den internen Stakeholdern zählt das Management, die Mitarbeiter und die Eigentümer (Peitsch, 2005, S.158). Im nachfolgenden werden die Konsequenzen der Stakeholder Mitarbeiter und Eigentümer/Gesellschaft genauer betrachtet

Mitarbeiter:

Durch den Skandal und das nicht wertekonforme Verhalten wurden die Mitarbeiter verunsichert und haben Angst vor dem schlechten Ruf und einer schlechten sozialen Sicherheit. Somit kündigten viele Mitarbeiter das Arbeitsverhältnis. Dies wird dadurch deutlich, dass das damalige „Ergo-Testimonial" und Fußballtrainer Jürgen Klopp seinen Werbevertrag mit *„ERGO"* zunächst ruhen lässt und etwa einen Monat später wegen weiterer schlechten Schlagzeilen kündigt (Ternès & Runge, 2015, S. 36).

Eigentümer/Gesellschaft:

Die negativen Schlagzeilen, welche durch ein Fehlverhalten des Unternehmens entstanden sind, wirken sich drastisch auf den Eigentümer der Gesellschaft aus. Denn die Gesellschaft ist in einem stetigen Austausch mit verschiedenen Branchen, Vereinen, Interessenverbänden, wissenschaftlichen Institutionen und Netzwerken. Ein solcher Skandal wirft Fragen auf und kann dafür sorgen, dass die zuvor genannten Personengruppen kein Interesse an einem weiteren Austausch haben. Somit verliert die Gesellschaft und der Eigentümer einen Teil der Zugehörigkeit und Anerkennung. Dies führt dazu, dass das Unternehmen ebenfalls Kunden, Partner und Mitarbeiter verliert. Dadurch kann das Unternehmen einen erheblichen Umsatzverlust erfahren.

5.4.2 Externe Stakeholder

Zu den externen Stakeholdern zählen die Fremdkapitalgeber, Lieferanten, Kunden, zukünftige Kunden, Medien, Öffentlichkeit, Kooperationspartner (Peitsch, 2005, S.158). Im nachfolgenden werden die Konsequenzen der Stakeholder Kunden und Fremdkapitalgeber

Kunden:

Durch die negativen Schlagzeilen verlor das Unternehmen innerhalb von etwa zwei Monaten knapp 500 Kunden. Das Image des Unternehmens leidet drastisch an dem Skandal. Daher ist es besonders wichtig, aus der aktuellen Situation herauszukommen und den Ruf wieder aufzubauen, um nicht noch mehr Umsatzverluste zu erfahren (Spiegel Online, 2011).

Fremdkapitalgeber:

Die negativen Schlagzeilen und der geschädigte Ruf wirkt sich auf den Umsatz des Unternehmens negativ aus. Bestehende Investoren können ihre Investitionen beenden. Da besteht umso mehr der Bedarf an Kapital. Jedoch ist es für ein Unternehmen, welches kurz zuvor an Seriosität verloren hat, schwer einen Kredit von einer Bank zu bekommen oder einen Investor zu überzeugen.

6   Literaturverzeichnis

Doppler, K. & Lauterburg, C. (2014). Change Management: Den Unternehmenswandel gestalten (13 Ausg.). Frankfurt/New York: Campus.

ERGO Group AG (2019a). Allgemeine Standardangaben - ERGO Nachhaltigkeitsbilanz 2015. Ethik und Integrität. Letzter Zugriff am: 07.06.2019. Verfügbar unter: https://www.ergo.com/de/Verantwortung/Reporting-und-Kennzahlen/Nachhaltigkeitsbilanz/GRI-Bilanz_2015/Allgemeine_Standardangaben

ERGO Group AG (2019b). Corporate Governance - Wertmanagement im Fokus. Letzter Zugriff am: 07.06.2019. Verfügbar unter: https://www.ergo.com/de/Verantwortung/Nachhaltig-Wirtschaften/Unternehmensfuehrung

ERGO Group AG (2019c). ERGO als Arbeitgeber - unsere Mitarbeiter. Letzter Zugriff am: 07.06.2019. Verfügbar unter: https://www.ergo.com/de/Verantwortung/Mitarbeiter

ERGO Group AG (2019d). Ihre Zukunft bei ERGO. Letzter Zugriff am: 07.06.2019. Verfügbar unter: https://www.ergo.com/de/Karriere/Erleben-Sie-ERGO

ERGO Group AG (2019e). Allgemeine Standardangaben - ERGO Nachhaltigkeitsbilanz 2015. Einbindung von Stakeholdern. Letzter Zugriff am: 07.06.2019. Verfügbar unter: https://www.ergo.com/de/Verantwortung/Reporting-und-Kennzahlen/Nachhaltigkeitsbilanz/GRI-Bilanz_2015/Allgemeine_Standardangaben

Hagenloch, T. & Söhnchen, W. (2017). Strategisches Controlling und Kostenmanagement. BoD – Books on Demand.

Kotter, J. P. (2012). Leading change. Harvard business press.

Kotter, J. P. (2015). Die Kraft der zwei Systeme. Harvard Business Manager (Spezial), 80- 93.

Peitsch, A. L. (2005). Strategisches Management in Regionen: Eine Analyse anhand des Stakeholder-Ansatzes (Vol. 19). Springer-Verlag.

Raps, A. (2017). Entwicklung einer Konzeption zur Strategieimplementierung. In Erfolgsfaktoren der Strategieimplementierung (pp. 57-230). Springer Gabler, Wiesbaden.

Schlüter, A. (2019). Die zehn Prinzipien des UN Global Compact. Letzter Zugriff am: 07.06.2019. Verfügbar unter: https://www.globalcompact.de/de/ueber-uns/dgcn-ungc.php#anchor_a9245988_Accordion-4-Korruptionspraevention

Schumann, O. (2019, 09. Mai). Strategische Unternehmensführung II. Präsenzphasentage Deutsche Hochschule für Prävention und Gesundheitsmanagement. Saarbrücken.

Spiegel Online (2011). Sexparty-Skandal. Versicherer Ergo laufen die Kunden davon. Letzter Zugriff am: 07.06.2019. Verfügbar unter: https://www.spiegel.de/wirtschaft/unternehmen/sexparty-skandal-versicherer-ergo-laufen-die-kunden-davon-a-774869.html

Ternès, A., & Runge, C. (2015). Versicherungen. In Reputationsmanagement (pp. 13-34). Springer Gabler, Wiesbaden.

Welge, M. K., Al-Laham, A., & Eulerich, M. (2017). Strategisches Management: Grundlagen-Prozess-Implementierung. Springer-Verlag.

7 Abbildungs- und Tabellenverzeichnis

7.1 Abbildungsverzeichnis

Abb. 1: Die acht „Beschleuniger" nach Kotter (Kotter, 2015, S. 88). 6
Abb. 2: Ursache-Wirkungskette für die Gesundheits- und Medizintechnik AG (eigene Darstellung). 13

7.2 Tabellenverzeichnis

Tab. 1: Allgemeine Symptome für Widerstand (modifiziert nach Doppler & Lauterburg, 2014, S. 357). 5
Tab. 2: Balanced Scorecard: Ziele, Kennzahlen, Vorgaben, Maßnahmen (eigene Darstellung). 13
Tab. 3: Fortsetzung: Balanced Scorecard: Ziele, Kennzahlen, Vorgaben, Maßnahmen (eigene Darstellung). 14
Tab. 4: Unternehmenswerte „ERGO" (in Anlehnung an Schlüter, 2019). 16

BEI GRIN MACHT SICH IHR WISSEN BEZAHLT

- Wir veröffentlichen Ihre Hausarbeit,
  Bachelor- und Masterarbeit

- Ihr eigenes eBook und Buch -
  weltweit in allen wichtigen Shops

- Verdienen Sie an jedem Verkauf

**Jetzt bei www.GRIN.com hochladen
und kostenlos publizieren**